LECONTE DE LISLE

LES ERINNYES

TRAGÉDIE ANTIQUE

EN DEUX PARTIES, EN VERS

PARIS
ALPHONSE LEMERRE, ÉDITEUR
27-29, PASSAGE CHOISEUL, 27-29

M DCCC LXXIII

LES ERINNYES

TRAGEDIE

LECONTE DE LISLE

LES ERINNYES

TRAGÉDIE ANTIQUE

EN DEUX PARTIES, EN VERS

PARIS

ALPHONSE LEMERRE, ÉDITEUR

27-29, PASSAGE CHOISEUL, 27-29

M DCCC LXXIII

LES ERINNYES

COSTUMES.

AGAMEMNON.

Cheveux noirs retenus par une bandelette d'or. Longue tunique blanche à bandes d'or. Klamyde rouge agrafée au cou et rejetée sur les épaules. Sandales à lanières d'or.

ORESTÈS.

Longs cheveux à bandelette blanche. Tunique de laine grise. Sandales à lanières de cuir.

LE CHŒUR DE VIEILLARDS.

Barbe et cheveux blancs à bandelette blanche. Tunique et klamyde de laine grise. Sandales à lanières de cuir.

KLITAIMNESTRA.

Cheveux noirs à double bandelette d'or. Robe et péplos blancs à bandes d'or. Sandales à lanières d'or.

KASANDRA.

Cheveux à longues boucles et à double bandelette de pourpre. Robe et péplos noirs. Sceptre d'or. Sandales à lanières pourprées.

ELEKTRA.

Cheveux blonds à bandelettes d'argent. Robe et péplos noirs à bandes d'argent. Sandales à lanières d'argent.

LE CHŒUR DES KHOÈPHORES.

Cheveux à longues boucles et à bandelette blanche. Robe et péplos noirs. Sandales à lanières blanches.

LES ERINNYES.

Cheveux épars sur la face et sur le dos. Longues robes blanches.

LE VEILLEUR.

Comme Orestès, moins la bandelette.

LE SERVITEUR.

Comme Orestès, moins la bandelette.

GUERRIERS.

Casques, cuirasses, boucliers, lances, knémides.

MATELOTS.

Tuniques et klamydes de couleurs variées. Longs avirons peints en rouge.

CAPTIFS.

Bonnets phrygien. — Captives. Cheveux bouclés. Robes et péplos de couleurs variées. — Femmes de Klytaimnestra. Robes et péplos de couleurs variées, moins les cheveux bouclés.

PERSONNAGES.	ACTEURS.
AGAMEMNON.	
ORESTÈS.	
LE CHŒUR DE VIELLARDS.	
KLYTAIMNESTRA.	
KASANDRA.	
ELEKTRA.	
LE CHŒUR DES KHOÈPHORES.	
LE VEILLEUR.	
LES ERINNYES.	
UN SERVITEUR.	

GUERRIERS, MATELOTS, CAPTIFS, CAPTIVES,
FEMMES DE KLYTAIMNESTRA.

LES ÉRINNYES

PREMIÈRE PARTIE

KLYTAIMNESTRA

Le portique extérieur du vieux palais de Pélops. Architecture massive. Colonnes coniques, trapues et sans base. Au fond, le ciel, entre les colonnes. La scène est sombre. Les Erinnyes, grandes, blêmes, décharnées, vêtues de longues robes blanches, les cheveux épars sur la face et sur le dos, vont et viennent. Le jour se lève. Toutes disparaissent.

Les vieillards Argiens, appuyés sur de hautes crosses, entrent par le fond et se séparent en deux demi-chœurs, à droite et à gauche. — Les deux koryphées font quelques pas en avant, l'un vers l'autre.

SCÈNE PREMIÈRE.

LES DEUX DEMI-CŒUR DE VIEILLARDS

PREMIER CHORYPHÉE

O chers vieillards, depuis dix très-longues années,
Ils sont partis, les rois des nefs éperonnées,
Entraînant sur la mer tempêteuse, hélas !
Les hommes chevelus de l'héroïque Hellas,

Qui, tels qu'un vol d'oiseaux carnassiers dans l'aurore,
De cent mille avirons battaient le flot sonore.
Et nul n'est revenu des guerriers ou des chefs!

DEUXIÈME CHORYPHÉE

Tant de braves, ô Dieux d'Ellas, et tant de nefs!

PREMIER CHORYPHÉE

Que de bouches mordant la terre où le sang fume,
Que d'étalons mâchant une suprême écume,
Que de lances rompant l'orbe des boucliers,
Que de chars fracassés vides de cavaliers
Et d'âpres hurlements mêlés au choc des armes!

DEUXIÈMIE CHORYPHÉE

Pour une femme, ô dieux, que de sang et de larmes!

PREMIER CHORYPHÉE

Seuls, ici, vieux, sans force et tremblants, nous restons
Près des foyers éteints, ployés sur nos bâtons;
Mais nos enfants sont morts dans leur vigueur première!

DEUXIÈME CHORYPHÉE

Comme des spectres nous errons à la lumière.

PREMIER CHORYPHÉE

Il ne reviendra plus, l'Atréide divin!
Quelles libations d'eau salée ou de vin,
Quelles cuisses de bœufs lourdes de double graisse,
Apaiseront jamais l'érinnys vengeresse

Qui hante, nuit et jour, cette antique maison,
Cet antre de la haine et de la trahison,
Exécrable témoin des vieux crimes des hommes?

DEUXIÈME CHORYPHÉE

Silence! Taisons-nous, impuissants que nous sommes!
La femme qui commande avec un cœur de fer
N'attend plus le héros qu'a pris la sombre mer,
Ou que le Priamide a dompté de sa lance.
Pour nous, ayons un bœuf sur la langue. Silence!

PREMIER CHORYPHÉE

Et le jeune héritier de ce palais ancien,
Cette honte est sa part, cet opprobre est le sien
De vivre misérable et sous le fouet servile,
Et de ne plus revoir son peuple ni sa ville,
Hélas!

DEUXIÈME CHORYPHÉE

Hélas!

PEMIER CHORYPHÉE

O Zeus! assis sur les sommets
Vénérables, dont l'œil ne se ferme jamais,
De qui l'épais sourcil courbe nos pâles têtes
Sous la convulsion tonnante des tempêtes,
O Daimôn très-auguste et toujours triomphant,
Entends-nous! Souviens-toi du père et de l'enfant!

SCÈNE II.

LES DEUX DEMI-CHŒURS DE VIEILLARDS.
LE VEILLEUR.

LE VEILLEUR, *entrant précipitamment.*

C'est lui! Mes yeux l'ont vu. Le feu sacré flamboie.
C'est lui! Le Danaen s'est rué sur sa proie,
Et la grande Ilios s'écroule sous les dieux!
O sanglante splendeur d'un jour victorieux
Qui roules de montagne en montagne dans l'ombre,
Salut, flamme! salut, gloire de la nuit sombre,
Que, sous la pluie et sous les astres éclatants,
Mes yeux ont tant de fois cherchée, et si longtemps!
Patrie! Ils ont mordu, les mâles de ta race,
La gorge phrygienne avec l'airain vorace:
Ils ont déraciné la muraille et la tour,
Et voici resplendir l'aurore du retour!

PREMIER CHORYPHÉE

Insensé, qu'as-tu dit, et quel songe t'égare?
Va! la cendre du chef gît sur le sol barbare;
Aucun ne reviendra de ceux que nous aimons.

DEUXIÈME CHORYPHÉE

C'est un feu de berger au faîte noir des monts,
Ou quelque rouge éclair du Kronide.

LE VIEILLEUR

Non, certes!
J'étais debout, veillant, les paupières ouvertes.
Non! le dernier bûcher, le plus haut, pousse encor
A travers la nuée un long tourbillon d'or.
C'est le signal jailli d'Ilios enflammée,
Je l'atteste! Ilios est aux mains de l'armée,
Et le maître, le roi des hommes, est vainqueur!

SCÈNE III.

LES DEUX DEMI-CHŒURS DE VIEILLARDS.
KLYTAIMNESTRA.

KLYTAIMNESTRA, entre, suivie de ses femmes.
Elle fait un geste. Le Veilleur sort.

Il a dit vrai, vieillards, la joie est dans mon cœur.
Comme un torrent d'hiver qui déborde les plaines,
Les dieux ont déchaîné la fureur des Hellènes.
La lance au poing, la haine aux yeux, l'injure aux dents,
Sur les temples massifs, sur les palais ardents
Que l'incendie avec mille langues hérisse,
J'entends tourbillonner Pallas dévastatrice,
Et la foule mugir et choir par grands monceaux,
Et les mères hurler d'horreur, quand les berceaux,
Du haut des toits fumants écrasés sur les pierres
Trempent d'un sang plus frais les sandales guerrières.
Ah! la victoire est douce, et la vengeance aussi!

Rendez grâces aux dieux, vieillards, de tout ceci.
Que de fois ils m'ont prise au filet des vains rêves!
Mais il faut bien payer nos prospérités brèves,
Et c'est peu que dix ans d'attente et de désir
Quand le prix en est proche, et qu'on va le saisir.
Oui! Le maître, l'époux, le roi des nefs solides
Revient au noir palais des héros tantalides,
Et, comme il sied sans doute, il m'y rencontrera.

PREMIER CHORYPHÉE

Femme du chef absent, reine Klytaimnestra,
Qui commandes la sainte Argos chère aux Daimones,
Certes, nous l'avouons, tes paroles sont bonnes,
Mais l'espérance est jeune et nous sommes très-vieux.

DEUXIÈME CHORYPHÉE

L'ineffable avenir est dans la main des dieux.
Souvent l'essaim léger des visions joyeuses
Illumine la paix des nuits silencieuses.
Crains l'aube inévitable, ô reine, et le réveil.

KLYTAIMNESTRA

Suis-je un enfant qui pleure ou rit dans le sommeil?
Soit! Il suffit : j'ai vu pour vos vieilles prunelles.
Chantez aux Bienheureux les hymnes solennelles,
Car la flamme infaillible a parlé hautement,
Et les nefs ont fendu Poseidôn écumant,
Et l'éperon d'airain s'enfonce dans le sable
Il approche, le Chef sacré, l'irréprochable

Porte-sceptre, à qui Zeus accorde le retour,
Mais non pas, ô viellard, de voir, vivante au jour,
Cette jeune victime aisément égorgée
Dont le sang pur coula pour qu'Ellas fut vengée.
Ce qui dut être fait est fait. C'est bien. L'oubli
Convient à l'homme, alors que tout est accompli
Louez les dieux. L'armée a pris la grande Troie.
Je vais à toute Argos annoncer cette joie,
Et, sous le vaste ciel, faire de l'aube au soir,
De cent taureaux beuglants ruisseler le sang noir.

Elle sort.

SCÈNE IV.

LES DEUX DEMI-CHŒURS DE VIEILLARDS.

PREMIER CHORYPHÉE

Rois Olympiens, vengeurs des faits illégitimes!
Si le feu bondissant luit de cimes en cimes,
Si mes yeux vont revoir le maître qui m'est cher,
D'où vient cette terreur qui hérisse ma chair?

DEUXIÈME CHORYPHÉE

O vous qui, déroulant les saisons et les heures,
Ramenez dans Argos et ses riches demeures
Le dompteur de chevaux qui réjouit mes yeux,
Je n'ose vous louer, protecteurs des aïeux :
Sous un funèbre doigt mes lèvres sont scellées.

PREMIER CHORYPHÉE

Images des vieux chefs, ombres échevelées
Qui portez à pas lents sur l'épaule et le dos
Les forfaits accomplis, comme de lourds fardeaux,
Pourquoi m'envelopper d'un murmure de haine?
Faces des morts couchés par milliers sur la plaine
Et dans la nuit sinistre en proie aux chiens hurleurs,
Que me demandez-vous, ô spectres, ô douleurs !

DEUXIÈME CHORYPHÉE

Hélas! que me veux-tu, charme de la patrie,
Jeune vierge, au milieu des délices nourrie,
Qui croissais dans ta grâce et dans ta pureté?
Ta chair blanche a saigné sur l'autel détesté !

PREMIER CHORYPHÉE

La ville injurieuse est conquise, dieux justes!
Vous avez renversé ses murailles robustes,
Couché la citadelle au niveau du sillon,
Et chassé vers Argos un morne tourbillon
De vaincus, vils troupeaux bêlant hors des étables,
Mais j'ai le cœur très-sombre, ô dieux inévitables,
O patients vengeurs longuement suppliés !
Tous les crimes anciens ne sont pas expiés.

DEUXIÈME CHORYPHÉE

J'entends une rumeur qui roule, immense, et telle
Que la mer.

PREMIER CHORYPHÉE

Il est vrai. Que nous annonce-t-elle ?

DEUXIÈME CHORYPHÉE

Un long cri de victoire et de joie, ô vieillards,
Se mêle par la ville au bruit strident des chars...
C'est le maître entouré de clameurs infinies.

PREMIER CHORYPHÉE

Cher Zeus, préserve-le des vieilles Erinnyes !

DEUXIÈME CHORYPHÉE

Un malheur est caché dans l'ombre, je le crains.
Déesses, qui hantez les gouffres souterrains,
Faites ses derniers jours tranquilles et prospères !

SCÈNE V.

Les Précédents, KLYTAIMNESTRA, AGAMEMNON, KASANDRA, Guerriers, Matelots, Femmes de Klytaimnestra, Captifs et Captives.

KLYTAIMNESTRA

Ô roi, franchis le seuil antique de tes pères,
Entre, applaudi des dieux et des hommes, vivant
Et glorieux, sauvé des flots noirs et du vent
De la foudre de Zeus et des lances guerrières !

Cher homme, qu'ont suivi mes pleurs et mes prières,
Destructeur d'Ilios, rempart des Akhaiens,
Quand, loin de la patrie, ô chef, et loin des tiens,
Au travers de la plaine où sonnaient les knémides,
Tu poussais sur le mur massif des Priamides
Un tourbillonnement d'hommes et de chevaux,
Solitaire, livrée en pâture à mes maux,
Errant de salle en salle au milieu des ténèbres,
L'oreille ouverte au vol des visions funèbres,
Moi, j'entendais gémir le palais effrayant;
Et de l'œil de l'esprit dans l'ombre clairvoyant,
Je dressais devant moi, majestueuse et lente,
Ta forme blême, ô Roi, ton image sanglante!
Que peut la morne veuve, hélas! d'un tel mari?
Et c'est pourquoi ton fils, l'enfant que j'ai nourri,
L'héritier florissant du sceptre et des richesses,
Vit loin d'Argos et loin des embûches traîtresses.
Tu le verras. Les temps sont passés à jamais
Des songes pleins d'horreur où je me consumais,
Et d'une attente aussi qui semblait éternelle.
Voici l'homme! Voici l'active sentinelle
Du seuil, celui qui m'est plus doux et plus sacré
Qu'au lointain voyageur ardemment altéré
Le frais jaillissement de l'eau qui le convie.
Viens donc, ô maître, orgueil d'Hellas et de ma vie
Et foule fièrement d'un pied victorieux
Cette pourpre qui mène au palais des aïeux!

Les femmes de Klytaimnestra étendent des tapis de pourpre devant Agamemnôn.

AGAMEMNON

Je te salue, Argos, de lumière fleurie !
Salut, temples, foyers, peuple de la patrie,
Et vous qui de l'opprobre et de l'iniquité,
Avez gardé mon toit depuis longtemps quitté,
Zeus ! Hermès ! Apollôn, prince aux flèches rapides !
Je vous salue, amis divins des Atréides,
Qui, dans l'épais filet patiemment tendu,
Avez amoncelé tout un peuple éperdu,
Et qui faites encore, au milieu des nuits sombres,
La tempête du feu gronder sur ses décombres !
Pour toi, femme, ta bouche a parlé sans raison :
J'entrerai simplement dans la haute maison ;
Je veux être honoré, non comme un dieu, non comme
Un roi barbare enflé d'orgueil, mais tel qu'un homme ;
Sachant trop que l'Envie aux regards irrités
Rôde dans l'ombre autour de nos félicités.
Il convient d'être sage et maître de soi, femme !

KLYTAIMNESTRA

Chère tête, consens ! J'ai ce désir dans l'âme.
Puisque les jours mauvais ne sont plus, il m'est doux
D'honorer hautement et le maître et l'époux
Et le vengeur d'Hellas. Roi des hommes, sans doute
Cette pourpre t'est due et plaît aux Dieux.

AGAMEMNON

Ecoute,
Femme ! garde en ton cœur ma parole : obéis.

L'âpre terre, le sol bien-aimé du pays
M'est un chemin plus sûr, plus somptueux, plus large.
J'ai, sans ployer le dos, porté la lourde charge
Des jours et des travaux que les dieux m'ont commis
Et n'attends au retour rien que des cœurs amis,
Ni flatteuses clameurs, ni faces prosternées.

Montrant Kasandra :

Regarde celle-ci. Les promptes destinées
Sous les pas triomphants creusent un gouffre noir
Et qui hausse la tête est déjà près de choir.
Donc, fille de Léda, sois douce à l'étrangère,
Rends moins rude son mal et sa chaîne légère ;
Car les dieux sont contents quaud le maître est meilleur,
Et le sang des héros a nourri cette fleur
Sur un arbre royal dépouillé feuille à feuille.
J'entre. Que la maison me sourie et m'accueille,
Sorti vivant des mains d'Arès, le dur guerrier !
Et vous, recevez-moi, Daimones du foyer !

Il entre dans le palais, suivi des guerriers, des matelots, des captifs et des captives.

SCÈNE VI.

KLYTAIMNESTRA, KASANDRA, LE CHOEUR DE VIEILLARDS, FEMMES DE KLYTAIMNESTRA.

KLYTAIMNESTRA.

Viens, Kasandra. Sans doute il est pesant et rude
Le joug du sort contraire et de la servitude,

Mais tu tombes aux mains de maîtres bons et doux
Qui prendront ta misère en pitié. Viens, suis-nous.

Kasandra reste immobile.

PREMIER CHORYPHÉE.

Femme, entends-tu?

DEUXIÈME CHORYPHÉE.

La reine, ô femme, t'a nommée.

KLYTAIMNESTRA.

Elle reste muette et comme inanimée.
Je n'ai pas le loisir d'attendre, esclave. Viens!
Les brebis, près du feu, bêlent dans leurs liens;
Les taureaux couronnés de saintes bandelettes
Vont mugir en tirant leurs langues violettes;
L'orge se mêle au sel, le miel au vin pourpré;
Le parfum brûle et fume, et le couteau sacré
Près des vases d'argent reluit hors de la gaîne.

Kasandra reste immobile.

Cette femme en démence a les yeux pleins de haine
D'une bête sauvage et haletante encor.
Va! nous te forgerons un frein d'ivoire et d'or
Fille des rois! un frein qui convienne à ta bouche
Et que tu souilleras d'une écume farouche!

Elle entre dans le palais, suivie de ses femmes. Kasandra est restée immobile.

SCÈNE VII.

LES DEUX DEMI-CHŒURS DE VIEILLARDS
KASANDRA.

PREMIER CHORYPHÉE.

Le langage d'Hellas ne t'est-il point connu?

KASANDRA.

Dieux! Dieux! La coupe est pleine et mon jour est venu!

DEUXIÈME CHORYPHÉE.

Malheureuse! Pourquoi gémis-tu de la sorte?

KASANDRA.

Que ne suis-je égorgée, ô dieux, et déjà morte!
L'irrévocable Hadès m'appelle par mon nom.
Où suis-je?

PREMIER CHORYPHÉE.

Sous le toit royal d'Agamemnon.

KASANDRA.

O demeure, de l'homme et des dieux détestée!
Dans quel antre inondé de sang m'as-tu jetée,
Cher Apollôn?

DEUXIÈME CHORYPHÉE.

Elle a certes, le flair d'un chien.

PREMIER CHORYPHÉE.

On dirait qu'elle sent l'odeur d'un meurtre ancien,
Ou qu'un souffle augural offense ses narines.

KASANDRA.

Que la sombre maison penche et croule en ruines!

DEUXIÈME CHORYPHÉE.

Pourquoi la maudis-tu si désespérément?

KASANDRA.

Arrête! En vérité, c'est un égorgement
Monstrueux, et le brave est dompté comme un lâche.
Hâtez-vous! Écartez le taureau de la vache.
Ah! ah! Le voile épais l'enserre de plis lourds;
Elle frappe, il mugit, elle frappe toujours;
La fureur de ses yeux jaillit comme une flamme,
L'odieuse femelle! Et le mâle rend l'âme!

PREMIER CHORYPHÉE.

Quel meurtre lamentable annonce-t-elle ainsi?

KASANDRA.

Cher Dieu, pour y mourir, tu m'as traînée ici!

DEUXIÈME CHORYPHÉE.

Maintenant elle pleure et gémit sur soi-même.
Un Dieu, dis-tu? Lequel?

KASANDRA.

L'archer divin qui m'aime.

PREMIER CHORYPHÉE.

Il t'aime et te poursuit de sa haine? Comment?

KASANDRA.

Ah! j'ai trompé son âme et trahi le serment,
Et c'est la source, hélas! de mes longues tortures.
Mon regard plonge en vain dans les choses futures,
Jamais ils ne m'ont crue! Et tous riaient entre eux,
Ou me chassaient, troublés par mes cris douloureux.
Et moi, dans la nuit sombre errant, désespérée,
J'entendais croître au loin l'invincible marée,
Le sûr débordement d'une mer de malheurs;
Et le Dieu sans pitié, se jouant de mes pleurs,
De mille visions épouvantant mes veilles,
Aveuglait tout mon peuple et fermait ses oreilles;
Et je prophétisais vainement et toujours!
Citadelles des Rois antiques, palais, tours!
Cheveux blancs de mon père auguste et de ma mère,
Sable des bords natals où chantait l'onde amère,
Fleuves, dieux fraternels, qui, dans vos frais courants,
Apaisiez, vers midi, la soif des bœufs errants,
Et qui, le soir, d'un flot amoureux qui soupire
Berciez le rose essaim des vierges au beau rire!
O vous qui maintenant emportez à pleins bords
Chars, casques, boucliers, avec les guerriers morts,
Échevelés, souillés de fange et les yeux vides!
Skamandros, Simoïs, aimés des Priamides!

O patrie, Ilios, montagnes et vallons,
Je n'ai pu vous sauver, vous ni moi-même... Allons!
Puisqu'un souffle fatal m'entraîne et me dévore,
J'irai prophétiser dans la nuit sans aurore;
A défaut des vivants les Ombres m'en croiront!
Pâle, ton sceptre en main, ta bandelette au front,
J'irai, cher Apollôn, ô toi qui m'as aimée,
J'annoncerai ta gloire à leur foule charmée.
Voici le jour, et l'heure, et la hache, et le lieu,
Et mon âme va fuir toute chaude d'un Dieu!

DEUXIÈME CHORYPHÉE.

C'est la vérité, femme, et je ne puis m'en taire.
Car ce bruit lamentable a couru sur la terre;
Il est vrai que ces murs malheureux, autrefois,
Ont vu couler le sang et les larmes des rois;
Mais ces calamités ne doivent plus renaître.

PREMIER CHORYPHÉE.

Repose-toi sans peur aux sûrs foyers du maître.
Ton père est mort, ta ville est en cendres, les dieux
Ont ployé ton cou libre au joug injurieux.
Car il nous faut subir la sombre destinée,
Et c'est pour la douleur que notre race est née.
Les dieux seuls sont heureux toujours. Mais sache bien
Que ta vie est sacrée, ô femme, et ne crains rien.

KASANDRA.

Insensés, vous aussi vous ne m'aur[i]ez point crue!

Écoutez ! La clameur lointaine s'est accrue...
Oh ! les longs aboiements ! Je les vois accourir,
Les chiennes, à l'odeur de ceux qui vont mourir,
Les monstres à qui plaît le cri des agonies,
Les vieilles aux yeux creux, les blêmes Érinnyes,
Qui flairaient dans la nuit la route où nous passions !
Viens, lugubre troupeau des exécrations,
Meute qui vas, hurlant sans relâche et qui lèche
Des antiques forfaits les traces toujours fraîches,
Viens, viens ! Il va tomber sous la hache et crier
Son dernier cri, le Roi des hommes, le guerrier
Brave et victorieux, sous qui s'est écroulée
Ta muraille, Ilios, hautement crénelée.
O mon peuple, ô mon père, ô mes frères, voyez
Et réjouissez-vous : vos maux sont expiés.
Ah ! ah ! Le chef divin, le destructeur des villes,
Il s'est pris au riant visage, aux ruses viles,
A la bouche qui flatte, à l'œil faux, à la main
Qui caresse, et l'assomme inerte au fond du bain !

DEUXIÈME CHORYPHÉE.

Malheureuse, tais-toi, ta parole est terrible.

PREMIER CHORYPHÉE.

Passe, avant de parler, tes oracles au crible,
Divinatrice, ou clos ta bouche avec ton poing.

KASANDRA.

Misérables vieillards, ne m'écoutez donc point.

Et toi! toi dont l'œil d'or dans mes yeux se reflète,
Reprends ton sceptre avec ta double bandelette,
Céleste archer!

Elle jette son sceptre et arrache ses bandelettes.

Je sens le souffle de la mort,
Et ma chair va frémir sous le couteau qui mord
Et dans l'Hadès fleuri de pâles asphodèles
Les ombres des aïeux vont m'accueillir près d'elles;
Mais, un jour, je serai vengée. Il reviendra,
Celui qui but ton lait fatal, Klytaimnestra!
Le vagabond nourri d'inexpiables haines,
Le monstrueux enfant des races inhumaines,
Et tumeur de sa mère, à lui-même odieux,
Et toujours flagellé par la fureur des dieux.
Maintenant, qu'on me lie, et qu'un seul coup m'achève,
Et que je dorme enfin!

Elle veut entrer dans le palais et recule.

Oh! le lugubre rêve!
Sentir l'airain me mordre à la gorge, et mon sang
Ruisseler tout entier de mon corps frémissant...
Je n'ose pas, vieillards, j'ai peur! un noir nuage
M'aveugle, et la sueur inonde mon visage.

DEUXIÈME CHORYPHÉE.

S'il est vrai, n'entre pas, maheureuse! va, fuis!
Nous resterons muets. Fuis Argos.

KASANDRA.

Je ne puis.

Il faut entrer, il faut que la Chienne adultère
Près du maître dompté me couche contre terre.
C'est un suprême honneur au seul lâche interdit
Que de braver la mort. Allons ! Et sois maudit,
Palais, antre fatal aux tiens, sombre repaire
De meurtres, où le fils tuera comme le père,
Nid d'oiseaux carnassiers gorgés, mais non repus !
Par la foi violée et les serments rompus,
Par l'affreuse vengeance et le festin impie,
Par les yeux vigilants de la ruse accroupie,
Par le morne royaume où roulent les vivants,
Par la terreur des nuits, par le râle des vents,
Par le gémissement qui monte de l'abîme,
Par les dieux haletants sur la piste du crime.
Par ma ville enflammée et mon peuple abattu,
Sois éternellement maudit ! maudit sois-tu !

Elle entre dans le palais.

SCÈNE VIII.

LES DEUX DEMI-CHOEURS DE VIEILLARDS.

PREMIER CHORYPHÉE.

Puisse Zeus démentir ses paroles amères !

DEUXIÈME CHORYPHÉE.

Hélas ! c'est le souci des hommes éphémères

De suivre en trébuchant dans l'ombre du chemin
La mourante lueur d'un jour sans lendemain.

PREMIER CHORYPHÉE.

Quel homme peut se dire heureux sous les nuées?

DEUXIÈME CORYPHÉE.

Comme les grandes eaux qui s'en vont refluées
Et semblent disparaître à l'horzion dormant,
Les biens qu'on croit saisir reculent brusquement.

PREMIER CHORYPHÉE.

Nul ne peut retenir de ses mains inhabiles
Le tourbillon léger des phalènes mobiles.

DEUXIÈME CHORYPHÉE.

Et nul aussi ne peut arrêter dans son cours
Le torrent déchaîné des lamentables jours.

AGAMEMNON, dans le palais.

A moi! je suis frappé mortellement. Infâme!
A moi!

PREMIER CHORYPHÉÉ.

Grands dieux! quel cri funèbre!

AGAMEMNON.

Arrête, femme!

Je meurs.

DEUXIÈME CHORYPÉEE.

C'est l'Atréide! un invincible effroi
Rompt mes membres. Courons! on égorge le roi.

PREMIER CHORYPHÉE.

Non! pour moi, chers vieillards, ce n'est point ma pensée.
Sans armes, et si vieux! la tâche est insensée;
Et les bras les plus forts et les plus résolus
Ne rendent point la vie à ceux qui ne sont plus.

DEUXIÈME CHORYPHÉE.

O malédiction de la femme prophète!

SCÈNE IX.

LES PRÉCÉDENTS, KLYTAIMNESTRA.

KLYTAIMNESTRA, *sa robe est tachée de sang. Elle tient une hache.*

Moi, moi, je l'ai frappé! c'est moi. La chose est faite.
Ah! ah! j'ai très-longtemps rêvé cette heure-ci.
Que les jours de mon rêve étaient lents! Me voici
Éveillée, et debout, et j'ai goûté la joie
De sentir palpiter et se tordre ma proie
Dans le riche filet que mes mains ont tissu.
Qui dira si, jamais, les dieux mêmes ont s u
De quelle haine immense, encore inassouvie,
Je haïssais cet homme, opprobre de ma vie!

Trois fois je l'ai frappé comme un bœuf mugissant,
Et, trois fois, le flot tiède et rapide du sang
A jailli sur ma robe, ineffable rosée,
Et plus douce à mon cœur qu'à la terre épuisée
Ta fraîche pluie, ô Zeus, après un jour d'été!

PREMIER CHORYPHÉE.

J'admire ton audace et reste épouvanté.

KLYTAIMNESTRA.

Je l'atteste, louez ou blâmez, que m'importe!
J'ai frappé sûrement, vieillard : la bête est morte.

DEUXIÈME CHORYPHÉE.

O femme, quel poison du noir Hadès venu,
Quel fruit maudit poussé hors d'un sol âpre et nu,
Ont corrodé ta bouche et ton sang? Quelle rage
A soufflé dans ton cœur ce monstrueux courage
D'egorger ton époux de ces mains que voilà,
Et qu'as-tu fait aux dieux pour avoir fait cela?

KLYTAIMNESTRA.

Mes mains ont accompli l'action que j'ai dite,
Elle est bonne et je m'en glorifie.

PREMIER CHORYPHÉE.

Ah! maudite!
Mais, au seul bruit du crime horrible où tu te plais,
Tu seras loin d'Argos chassée, et sans délais.

En exécration au peuple, vagabonde,
Et hurlante, semblablable à quelque chienne immonde,
Tu fuiras sans repos, demain comme aujourd'hui.
Et ton chemin criera sur tes traces!

KLYTAIMNESTRA.

Et lui!
Et lui qui, plus féroce, hélas! qu'un loup sauvage
Du cher sang de ma fille a trempé le rivage,
De celle que j'avais conçue et que j'aimais,
Aurore de mon cœur éteinte pour jamais,
Joie, honneur du foyer! De me fille étendue
Sur l'autel, et criant vers sa mère perdue
Tandis que l'égorgeur, impitoyablement,
Aux dieux épouvantés offrait son cœur fumant!
Lui, ce père, héritier des pères fatidiques,
On ne l'a point chassé des demeures antiques,
Les pierres du chemin n'ont pas maudit son nom...
Et j'aurais épargné cette tête? Non, non!
Et cet homme, chargé de gloire, les mains pleines
De richesses, heureux, vénérable aux Hellènes,
Vivant outrage aux pleurs amassés dans mes yeux,
Eut coulé jusqu'au bout ses jours victorieux,
Et sous le large ciel, comme on fait d'un roi juste,
Tout un peuple eut scellé dans l'or sa cendre auguste?
Non! que nul d'entre vous ne songe à le toucher
Sur la pourpre funèbre, au sommet du bûcher;
Point de libations, ni de larmes pieuses!

Qu'on jette ces deux corps aux bêtes furieuses,
Aux aigles que l'odeur conduit des monts lointains,
Aux chiens accoutumés à de moins vils festins!
Oui! je le veux ainsi : que rien ne les sépare,
Le dompteur d'Ilios et la femme barbare,
Elle, la prophétesse, et lui, l'amant royal,
Et que le sol fangeux soit leur lit nuptial!

DEUXIÈME CHORYPHÉE.

Tu l'as tuée aussi!

KLYTAIMNESTRA.

Penses-tu que j'hésite?
J'ai tranché le blé mûr et l'herbe parasite.
Quant à ses compagnons, complices ou témoins
De son crime, ils sont morts. Mais de plus nobles soins
Que la vaine terreur d'une foule insensée,
Désormais, ô vieillards, agitent ma pensée.
Allez! Dites au peuple assemblé tout entier
Que le sceptre est aux mains d'un vaillant héritier,
Du fils de Thyestès que j'aime.

PREMIER CHORYPHÉE.

O Dieu! ô terre!
Nous, vivre sous les pieds de ce lâche adultère?
Est-ce à la sainte Argos qu'un tel opprobre est dû,
Femme?

DEUXIÈME CHORYPHÉE.

Mais le jeune homme indignement vendu,

L'enfant d'un noble père et d'une mère impie,
Orestès est vivant!

KLYTAIMNESTRA.

Qu'il vive et qu'il expie
La honte d'être né de ce sang odieux.
Je consens qu'il grandisse éloigné de mes yeux,
Sans patrie et sans nom. C'est assez qu'il respire.
L'exil est dur? La mort irrévocable est pire.

PREMIER CHORYPHÉE.

Grands Dieux! Ton fils aussi, femme, tu le tuerais?

KLYTAIMNESTRA.

Son père a bien tué ma fille! Je le hais.
Je hais tout ce qu'aima, vivant, ce roi, cet homme,
Ce spectre : Hellas, Argos, la bouche qui le nomme,
Le soleil qui l'a vu, l'air qu'il a respiré,
Ces murs que souille encor son cadavre exécré,
Ces dalles que ses pieds funestes ont touchées,
Les armes des héros par ses mains arrachées
Et les trésors conquis dans les remparts fumants
Et ce que j'ai conçu de ses embrassements.

DEUXIÈME CHORYPHÉE.

Courons! Crions la mort du roi. Qu'Argos se lève!

PREMIER CHORYPHÉE.

Il faut saisir la hache et dégaîner le glaive,

Et traîner le tyran par les pieds hors des murs !
Les actes les plus prompts, amis, sont les plus sûrs.

DEUXIÈME CHORYPHÉE.

Certes ! allons ! Il faut que la foule accourue
Dans ce palais fatal, furieuse, se rue.
Hâtons-nous !

KLYTAIMNESTRA.

C'est assez, vieillards, et tout est bien.
L'épouvante est au seuil de chaque citoyen.
Le fils de Thyestès, de l'éclair de sa lance
Sur toute bouche ouverte a cloué le silence.
Faites ainsi. Sinon, par l'homme châtié
Qui gît là ! par les noirs Daimones ! sans pitié
Pour votre barbe blanche et pour vos larmes vaines,
L'inexorable airain épuisera vos veines :
Vous mourrez tous, vieillards! J'en jure un grand serment.

PREMIER CHORYPHÉE.

Reine Klytaimnestra, tu parles hardiment.
Nous remettons aux dieux la vengeance prochaine ;
Mais si la foudre un jour sur ton front se déchaîne,
Si l'expiation se mesure au forfait,
Souviens-toi, femme !

KLYTAIMNESTRA.

Soit. J'en subirai l'effet.
Quittez ce vain souci dont votre âme est chargée.
Allez !

Les vieillards sortent.

SCÈNE X.

KLYTEMNESTRA, seule.

J'aime, je règne et ma fille est vengée !
Maintenant que la foudre éclate au fond des cieux :
Je l'attends, tête haute et sans baisser les yeux !

FIN DE LA PREMIÈRE PARTIE.

DEUXIÈME PARTIE.

ORESTÈS

A gauche, le palais de Pélops. A droite, arbres et rochers. Au fond de la scène, un tertre nu, et au-delà, la plaine d'Argos.

Les Khoèphores, portant les coupes des libations et les guirlandes funéraires, sortent du palais et se rangent en deux demi-chœurs de chaque côté du tertre.

SCÈNE PREMIÈRE.

PREMIÈRE KHOÉPHORE,
DEUXIÈME KHOÈPHORE.

PREMIÈRE KHOÈPHORE.

Femmes, sur ce tombeau cher aux peuples Hellènes
Posons ces tristes fleurs auprès des coupes pleines.
L'offrande funéraire est douce à qui n'est plus.

Elles posent les coupes et les guirlandes.

Il convient, selon l'ordre et le rite voulus,
Que l'illustre Elektra, la tempe deux fois ceinte
Verse au mort bien-aimé la libation sainte

Et l'appelle du fond de l'Hadès souterrain.
Ainsi le veut la femme impie, au cœur d'airain.
De sombres visions brusquement l'ont hantée :
On dit que de l'époux la face ensanglantée
Quand vient la nuit divine habite dans ses yeux,
Et qu'on entend parfois des cris mystérieux
Et d'horribles sanglots à travers la demeure.

DEUXIÈME KHOÈPHORE.

Puisse l'Hadès aussi l'entendre, et qu'elle meure !

PREMIÈRE KHOÈPHORE.

Assurément son âme est en proie au remords.
La mâchoire du feu mange la chair des morts
Mais l'invincible esprit jaillit de leur poussière.

DEUXIÈME KHOÈPHORE.

Quand le meurtre a rougi la terre nourricière,
Quel fleuve, ou quelle mer, a jamais effacé
La souillure du sang aux mains qui l'ont versé ?
Elle tremble aujourd'hui, cette louve traquée,
De voir enfin surgir la vengeance embusquée,
Car les divinateurs ont révélé ceci
Que le châtiment veille et n'est pas loin d'ici.
Ils savent le secret des songes et des charmes.

PREMIÈRE KHOÈPHORE.

Pour nous, à qui les dieux ont tout pris, sauf les larmes,

Soumises au destin de maîtres malheureux,
Laissons notre misère et gémissons sur eux.

DEUXIÈME KHOÈPHORE.

Par les halliers touffus, par le mont et la plaine,
Vois ! Les chiens ont forcé le grand cerf hors d'haleine
Qui brâme, et qui, menant son suprême combat,
Acculé, pantelant, se renverse et s'abat.
Mais, sur la noble proie, inerte et chaude encore,
La meute aux yeux ardents hurle et s'entre-dévore !
Tels ceux-ci. C'est au mieux. Nos pères d'ans chargés,
Nos frères, nos époux, nos enfants sont vengés.
Troie est morte : qu'Hellas meure de sa victoire !

PREMIÈRE KHOÈPHORE.

O femmes, laissons faire au sort expiatoire :
Gardons-nous d'ajouter à ces calamités
Par le contentement de nos cœurs irrités.
La bienveillance sied à l'esclave lui-même.

DEUXIÈME KHOÈPHORE.

Nous aimons la divine Elektra qui nous aime.
Innocente des maux que nous avons soufferts,
Toujours ses belles mains ont allégé nos fers.
La voici. Que pour elle un jour meilleur renaisse !

SCÈNE II.

LES PRÉCÉDENTES, ELEKTRA.

ELEKTRA.

Femmes de la maison, douces à ma jeunesse,
Conseillez mon cher cœur amèrement troublé.
Sur ce tertre où mes pleurs ont tant de fois coulé,
Où gît sans gloire, hélas! celui que je révère,
Que faut-il que je dise à son ombre sévère!
Que l'épouse m'envoie à l'époux? ah! grands dieux!
Ou faut-il que, muette, et détournant les yeux,
Ayant versé trois fois la libation due,
De ce funèbre lieu je m'enfuie éperdue?
Ne m'abandonnez pas en cet ennui mortel.

PREMIÈRE KHOÈPHORE.

Approche du tombeau comme d'un saint autel,
Et prie, en répandant la coupe funéraire,
L'ombre auguste du chef pour Orestès, ton frère.

DEUXIÈME KHOÈPHORE.

Elektra! que mon cœur chérit pour ta bonté,
Vers celui que la haine et la ruse ont dompté
Hausse tes blanches mains de vierge, et le supplie,
Afin que toute chose un jour soit accomplie,
Que la justice éclate, et qu'il arrive enfin,

L'enfant prédestiné, le jeune homme divin,
L'irréprochable enfant d'une effrayante mère.

PREMIÈRE KHOÈPHORE.

Pour tous ceux qu'il aima dans la vie éphémère,
Prie, ô noble Elektra, ton père vénéré,
Et les dieux entendront ton appel éploré.

ELEKTRA, prend une coupe et s'approche du tombeau.

Hermès ! Prompt messager qui montes d'un coup d'aile
De la pâle prairie où germe l'asphodèle
Jusques au pavé d'or des princes de l'aither,
A toi d'abord, Hermès, le vin pur du Krater !

Elle verse la libation.

Daimones très-puissants, rois de la terre antique,
Qui siégez côte à côte en son ombre mystique,
Toi, dieu terrible, et toi qui fais germer les fleurs,
O déesse ! Ecoutez le cri de mes douleurs :
Faites que l'Atréide errant dans l'Adès blême,
Exauce le désir de son enfant qui l'aime !

Elle verse la seconde libation.

Maintenant, ô mon père, entends aussi ma voix,
Et du fond de la nuit irrévocable, vois !
Je gémis, opprimée, et ton fils est esclave !
La demeure est aux mains d'un lâche qui te brave,
Qui tient ton lit, ton sceptre, et dévore tes biens,
O vénérable, entends mes prières ! oh ! viens,

Viens ! Se glorifiant du meurtre qui la souille,
Celle qui t'égorgea nous hait et nous dépouille.
Chère ombre! sois terrible à ce couple pervers,
Et dresse le vengeur promis à nos revers !

Elle verse la troisième libation. — Orestès sort au milieu des rochers

SCÈNE III.

Les Précédentes, ORESTES.

ORESTÈS.

Les Dieux accompliront tes vœux, ô noble fille!.
La nuée est déjà moins sombre où l'aube brille,
Et la mer est moins haute et moins rude le vent.

ÉLEKTRA.

Que nous veut l'étranger ?

ORESTÈS.

Orestès est vivant.
Il approche, il est là. — Si tu l'aimes, silence !
Ne crois pas qu'il recule ou que son cœur balance:
Il vengera d'un coup son père avec sa sœur.

ÉLEKTRA.

O parole sacrée et pleine de douceur !
Orestès est vivant ?

ORESTÈS.

Femme, il vit. Je l'atteste.

ELEKTRA.

O dieux, cachez-le bien à ce couple funeste !
Mais, étranger, d'où vient que tu parles ainsi ?
Dis-tu vrai ? mon cœur bat, mon œil est obscurci.....
Ne me trompes-tu pas ? As-tu suivi sa trace ?
Orestès ! Lui ! L'espoir unique de sa race !
Il respire ? ô mes yeux de larmes consumés !
Que je le voie et meure entre ses bras aimés !

ORESTÈS.

Chère Elektra, c'est moi, je suis ton frère. Écoute !
Qu'il n'y ait dans ton sein ni tremblement, ni doute :
Reconnais-moi, je suis ton frère. Oui, par les dieux !
Crois-en les pleurs de joie échappés de mes yeux
Et le cri de ton cœur. Je suis ton sang lui-même,
Ton souci, ton regret et ton espoir. Je t'aime !
O princes qui siégez dans la hauteur du ciel,
Soyez témoins ! Et toi, sépulcre, saint autel,
Et toi, vieille maison des aïeux ! rochers sombres,
Feuillages qui m'avez abrité de vos ombres,
Terre de la patrie, ô sol trois fois sacré,
Parlez tous ! soyez tous témoins que je dis vrai,
Qu'Orestès est vivant et que je suis cet homme !

ELEKTRA.

Oui, c'est toi, douce tête ! oui, tout mon cœur te nomme !

O rêve de mes nuits, cher désir de mes jours,
Que je n'attendais plus, que j'espérais toujours,
Oui, je te reconnais, ô mon unique envie!
Mon âme en te voyant se reprend à la vie,
Ami longtemps pleuré! Tu dis vrai, je te crois.
Tous mes maux sont finis. Tu seras à la fois
Mon père qui n'est plus, ma sœur des dieux trahie,
Et cette mère, hélas! de qui je suis haïe.
Viens, et, me consolant de tous ceux que j'aimais,
O mon frère, sois moi fidèle pour jamais!

ORESTÈS.

Rien ne brisera plus cet amour qui nous lie :
Que l'Hadès m'engloutisse avant que je t'oublie!

ELEKTRA.

Mais du fond de l'exil, ami, dis-moi, quel Dieu,
Quel oracle te pousse en ce sinistre lieu?
Sais-tu l'enchaînement des noires destinées?
Le meurtre de ton père après les dix années,
Et la femme sanglante et l'impudique amant?

ORESTÈS.

J'ai vécu dans l'opprobre et l'asservissement,
Ployant mon cou rebelle au joug d'un maître rude;
Mais d'anciens souvenirs hantaient ma solitude,
Mille images : un homme aux yeux fiers, calme et grand
Comme un dieu, puis, sans cesse, un peuple murmurant
De serviteurs joyeux empressés à me plaire;

Des femmes, un autel, la maison séculaire,
Et les jeux de l'enfance, et l'aurore, et la nuit ;
Puis, dans l'ombre, un grand char qui m'emporte et s'enfuit
Et l'injure et les coups et le haillon servile,
L'eau de la pluie après la nourriture vile,
Et toujours ce long rêve en mon cœur indompté
Que je sortais d'un sang fait pour la liberté !
Et j'ai grandi, j'ai su les actions célèbres,
Ilios enflammée au milieu des ténèbres,
La gloire du retour, le meurtre forcené,
Et le nom de mon père et de qui j'étais né.
Oh ! quel torrent de joie a coulé dans mes veines !
Comme j'ai secoué mon joug, brisé mes chaînes,
Et poussant des clameurs d'ivresse aux cieux profonds,
Vers la divine Argos précipité mes bonds !

ELEKTRA.

O fils d'un héros mort, crains ta mère inhumaine :
Pour ses enfants, hélas ! elle est chaude de haine.
Malgré mes pleurs, mes cris, l'étreinte de mes bras,
A peine reconnu, mon frère tu mourras !

ORESTÈS.

Rassure ton cher cœur. Va ! le Dieu qui m'envoie
Saura bien aveugler ces deux bêtes de proie.
Je l'envelopperai sûrement du filet
De la ruse, tout lâche et défiant qu'il est,
Et si Zeus Justicier m'approuve et me seconde,
Je le tuerai comme on égorge un porc immonde.

Pour ma mère, les dieux justes m'inspireront.
Puisque l'heure est venue, il convient d'être prompt ;
La soif du sang me brûle et le destin m'entraîne.
Femmes, qu'une de vous se hâte vers la reine
Et dise : « Un voyageur qui nous est inconnu
« O fille de Léda, dans Argos est venu.
« Il annonce — que Zeus fasse mentir sa bouche !
« Qu'Orestès est couché sur la funèbre couche. »
Elle viendra, joyeuse ! Et toi, ma sœur, gémis,
Pleure ma mort, et laisse agir les dieux amis.

Une des femmes rentre dans le palais. Orestès prend une coupe et s'approche du tombeau.

Père, père ! Entends-moi dans l'argile trempée
De larmes. Tu n'as point, par la lance et l'épée,
Rendu l'âme au milieu des hommes, ô guerrier !
Comme il sied, le front haut et le cœur to[illegible] entier !
Un bûcher glorieux de grands pins et d'érables
N'a point brûlé ta chair et tes os vénérables,
Et ta cendre héroïque, aux longs bruits de la mer,
Ne dort point sous un tertre immense et noir dans l'air.
Non ! comme un bœuf inerte et lié par les cornes,
Et qui saigne du mufle en roulant des yeux mornes,
Le porte-sceptre est mort lâchement égorgé...
Père, console-toi : tu vas être vengé !

Il verse la libation.

PREMIÈRE KHOÈPHORE.

La clémence est semblable à la neige des cimes.

Immortellement pure en ses blancheurs sublimes,
Elle rayonne au cœur des sages, ses élus ;
Mais quand le sang la touche, il n'en disparaît plus :
La souillure grandit sans cesse, ronge, creuse,
Et la neige s'écroule en une fange affreuse.
O jeune homme irrité, laisse aux Dieux de punir.

DEUXIÈME KHOÈPHORE.

Non ! c'est dans le passé que germe l'avenir ;
C'est la loi qui commande à la race perverse
Qu'un sang nouveau toujours paye le sang qu'on verse ;
L'inévitable mal revient à qui l'a fait
Et chaque crime engendre un plus sombre forfait.
Qu'importe la clémence à la justice auguste ?
Venge ton père, ami, car cela seul est juste.

ELEKTRA.

Une vague terreur fait trembler mes genoux...
Du fond de ce tombeau, mon père, inspire-nous !

ORESTÈS.

L'infaillible a pesé ceux-ci dans sa balance.
Ce qui sera, sera. Tout est dit.

KLYTAIMNESTRA parait sous le portique. Orestès l'aperçoit.

Ah ! silence !
Quelqu'un vient. Dis-moi, sœur, cette femme qui sort
Du palais, grande et blanche et pareille à la mort,

Quelle est-elle ? Quel est son nom ? Toi qui m'es chère,
Réponds-moi. Tout mon cœur a frémi.

ELEKTRA.

C'est ta mère !

SCÈNE IV.

LES PRÉCÉDENTS, KLYTAIMNESTRA.

KLYTAIMNESTRA, à Elektra.

Est-ce l'homme ?

ELEKTRA.

C'est lui.

KLYTAIMNESTRA.

Certes, j'ai vu ces yeux
Dans mes songes. Cet homme a le front soucieux.
C'est quelque mendiant vagabond, plein de honte
Ou de frayeur. — Approche étranger. On raconte
Que tu nous portes un bruit de mort. Est-il vrai ?
Je suis Klytaimnestra. Parle, je t'entendrai.

ORESTÈS.

Noble femme, il est dur, et sans doute peu sage
D'apporter brusquement un funèbre message,
Et c'est répondre mal au bienveillant accueil
Que de parler de mort sur les marches du seuil ;

Mais je pense que si la nouvelle est mauvaise,
Elle est d'un intérêt trop grand pour qu'on la taise.

KLYTAIMNESTRA.

Tu penses prudemment. Rassure tes esprits.
Par quelque autre, plus tard, nous aurions tout appris.
Notre hospitalité ne t'en est pas moins due.

ORESTÈS.

Reine, je cheminais dans la montagne ardue,
En Phocide et non loin de Daulis. Vers le soir,
Près de moi, sur la route, un homme vint s'asseoir,
Déjà vieux, et courbé sur un bâton d'érable.
Nous causions. Il me dit : « Un dieu m'est favorable,
« Ami, puisque tu vas au pays Argien.
« Mon nom est Strophios de Daulis. Garde bien
« Ce nom dans ton oreille, afin que l'on te croie ;
« Car, souvent, qui se fie en aveugle est la proie
« De la ruse, et les soins tardifs sont superflus.
« Va donc. Dis aux parents d'Orestès qu'il n'est plus,
« Que dans l'urne d'airain sa cendre est enfermée ;
« Et sache de sa mère auguste et bien-aimée
« S'il faut que je la rende ou la garde en ces lieux.
« Ce qu'elle ordonnera sera fait pour le mieux. »
Reine, ainsi m'a parlé le vieil homme. J'ignore
Le reste. Mais, demain, dès la première aurore,
Je retourne à Daulis. Que dirai-je en ton nom ?
Veux-tu qu'il rende l'urne où sont les cendres ?

KLYTAIMNESTRA.

Non.

Tu diras qu'il la garde et qu'il l'ensevelisse.

ELEKTRA

O race misérable et vouée au supplice!
Mon frère, ma dernière espérance! Je meurs.

KLYTAIMNESTRA.

A quoi sert de pleurer? A quoi bon ces clameurs?
Les cris n'éveillent point les morts.

ELEKTRA.

O chère tête!

Les dieux ont englouti dans la même tempête
Le père plein de gloire et le fils malheureux.
Tu n'es plus, frère!

KLYTAIMNESTRA.

Assez tant larmoyer sur eux.

Crains plutôt de gémir sur toi-même, insensée!

ELEKTRA.

Sombre exécration sur nos fronts amassée,
Est-ce ton dernier coup?

KLYTAIMNESTRA.

Non, si tu n'obéis.

ELEKTRA.

Vivant ou mort, toujours loin de ton cher pays,
Frère, tu dormiras dans la terre éloignée:
Ta cendre de mes pleurs ne sera point baignée

KLYTAIMNESTRA.

Les ordres que je t'ai donnés, médite-les.
Tu feras sagement. — Suis-moi dans le palais,
Étranger. Il convient que tu parles au maître,
L'avis étant de ceux qu'on ne peut pas remettre.

A Elektra et aux Khoèphores.

Pour toi, pour vous aussi, femmes sur ce tombeau
Versez le vin funèbre ; apaisez de nouveau
Par les chants consacrés l'ombre irritée encore
Et rendez à mes nuits le sommeil que j'implore.

Elle rentre dans le palais suivie d'Orestès

SCÈNE V.

ELEKTRA, LES KHOÈPHORES.

PREMIÈRE KHOÈPHORE.

Cette femme n'a point reconnu son enfant.

DEUXIÈME KHOÈPHORE.

Sans doute il est aimé d'un dieu qui le défend.
O femme, si la louve en son cœur imagine
Et le nom qu'on lui cache et la sûre origine,
Pensez-vous que l'airain mortel épargne un fils
Déjà vendu par haine et pour de vils profits ?
La peur n'est-elle pas féroce autant que lâche,

Non! Elle achèvera l'abominable tâche.
Elle tuera ce fils d'un bras désespéré!

PREMIÈRE KHOÈPHORE.

Ne l'aurait-elle point en un piége attiré?
Je doute dans mon cœur que ce récit l'abuse.

DEUXIÈME KHOÈPHORE.

Oui! son âme est profonde, elle est pleine de ruse;
Mais la joie allumait ses yeux, malgré l'effort
Contraire. Donc, elle croit fermement qu'il est mort.
Aussi bien, il est doux, après les nuits sans nombre,
De n'entendre plus rien d'invisible dans l'ombre,
En arrière, et de voir avec des yeux hardis
L'aube croître et le jour tomber. Je vous le dis,
Elle croit qu'il est mort.

PREMIÈRE KHOÈPHORE.

Mais l'homme qui commande
Ici, le croira-t-il? Plus la terreur est grande,
Plus les yeux vigilants dépistent le danger.

DUXIÈME KHOÈPHORE.

Quand la nouvelle est bonne, heureux le messager!
Va! Tous deux tomberont dans l'embcûhe certaine.

ELEKTRA.

Hélas! toujours l'attente et l'angoisse et la haine,
Après la sombre veille un sombre lendemain
Et jusques au tombeau toujours l'âpre chemin!

Qu'avons nous fait, ô Zeus, pour cette destinée?
Quel crime ai-je commis depuis que je suis née?
Et mon cher Orestès, où donc est son forfait?
Nos pères ont failli, mais nous, qu'avons-nous fait?
Si pour d'autres il faut que l'innocent pâtisse,
Qu'est-ce que ta puissance, ô Zeus, et ta justice?

PREMIÈRE KHOÈPHORE.

Zeus est soumis lui-même à d'implacables lois.

DEUXIÈME KHOÈPHORE.

L'impie et l'innocent sont frappés à la fois.
Aveugle enchaînement des actions humaines,
Nous nous engloutissons au gouffre où tu nous mènes!

PREMIÈRE KHOÈPHORE.

Fille d'Agamemnon, toi qui parles ainsi,
Dans la sainte Ilios qu'avions-nous fait aussi,
Quand sur les flots battus par l'aviron rapide
La fatale Héléna suivit le Priamide?
Hélas! l'enfant, la mère, et le père et l'aïeul,
Tout un peuple a payé pour le crime d'un seul!

ELEKTRA.

O femmes, il est vrai, grandes sont vos misères.

DEUXIÈME KHOÈPHORE.

Exaucez nos désirs et nos larmes sincères:
Sur le seuil qui jadis nous fut hospitalier

Couvrez ces deux enfants de votre bouclier,
Et puisque la Justice auguste est son partage,
Rendez à l'héritier son antique héritage,
Chers dieux !

PREMIÈRE KHOÈPHORE.

Le maître est mort que nous avons aimé.
Dieux, gardez-nous son fils.

ELEKTRA.

Inconnu, désarmé,
Il est seul contre tous !

DEUXIÈME KHOÈPHORE.

Non ! Dans ce noir repaire
Il entre accompagné du spectre de son père !

ELEKTRA.

O Roi des hommes, viens, grande ombre, c'est l'instant.
Précède au bon combat le jeune combattant ;
Habite dans son cœur, roidis sa main virile,
Père, et ne laisse pas la vengeance stérile
Épargner le voleur du sceptre et du foyer
Trop impur pour que Zeus songe à le foudroyer !

DEUXIÈME KHOÈPHORE.

Et ta mère, enfant ?

ELEKTRA.

Dieux ! Eh bien ! que dis-tu d'elle ?

DEUXIÈME KHOÈPHORE.

Rien, sinon que l'Hadès est un gardien fidèle.

On entend des cris dans le palais. Un serviteur traverse la scène en courant.

SCÈNE VI.

LES PRÉCÉDENTES, LE SERVITEUR.

LE SERVITEUR.

Au meurtre! on a tué le maître! Accourez tous.
Malheur! Gardez la reine et tirez les verrous!
Hélas! pour celui-ci la chose est sans remède...
Le fils de Thyestès est mort! Au meurtre! à l'aide!

Il sort à droite.

SCÈNE VII.

ELEKTRA, LES KHOÈPHORES.

PREMIÈRE KHOÈPHORE.

Ton frère irréprochable a frappé l'homme!

DEUXIÈME KHOÈPHORE.

Bien!

Mais ce n'est pas assez : la chienne après le chien!

ELEKTRA.

O Zeus, sauve mon frère en ce combat suprême :
Moi je mourrai, s'il meurt.

PREMIÈRE KHOÈPHORE.

Zeus ! conduis-le toi-même.

DEUXIÈME KHOÈPHORE.

Dans son sentier sanglant qu'il aille jusqu'au bout !
Rien n'est fait s'il recule et s'il n'achève tout.

On entend de nouveaux cris.

ELEKTRA.

Dieux ! La rumeur redouble.

PREMIÈRE KHOÈPHORE.

On crie, on se lamente
Lugubrement.

DEUXIÈME KHOÈPHORE.

Ah ! ah ! L'homme est mort, et l'amante
Avec de longs sanglots pleure le pâle amant.

PREMIÈRE KHOÈPHORE.

Le divin Orestès triomphe assurément ;
Ce signe est le meilleur. Oui ! La chose est finie.

DEUXIÈME KHOÈPHORE.

La bête est acculée et brâme, à l'agonie,
Mais elle vit encore...

Klytaimnestra, pâle et agitée, paraît sous le portique.

Et la voilà !

ELEKTRA.

Grands dieux!

Ma mère!

PREMIÈRE KHOÈPHORE.

L'épouvante a dilaté ses yeux.

DEUXIÈME KHOÈPHORE.

C'est qu'elle sent venir les heures éternelles
Et l'horreur de la mort jaillit de ses prunelles.

SCENE VIII.

LES PRÉCÉDENTES, KLYTAIMNESTRA.

KLYTAIMNESTRA, *marche, égarée, çà et là.*

C'est vrai, j'ai fui! Quel est ce mendiant, tueur
De rois? Je ne sais pas. Ma face est en sueur.
L'audace de cet homme est un sombre prodige!
J'entre, il me suit : « Voici le roi d'Argos, lui dis-je. »
Le voyant sur le seuil humblement arrêté,
Le fils de Thyestès l'accueille avec bonté :
« Étranger, ne crains rien. Qu'un Dieu te soit propice,
« Car tu franchis mon seuil sous un heureux auspice. »
L'homme approche et raconte au chef ce qu'il m'a dit.
Il avance en parlant; puis, brusquement, bondit
Et plonge un long couteau dans la gorge du maître!
Je crie. Un serviteur accourt, pour disparaître

En hurlant... Et tandis que l'homme furieux
Redouble, je m'enfuis les deux mains sur les yeux.
Pourquoi donc ai-je fui? Pourquoi me suis-je tue

Elle retourne vers le portique en criant.

Hommes, gardes, à moi! Qu'on saisisse, qu'on tue
L'étranger! oh! malheur! au meurtre! au meurtre! ho!
Tuez le vagabond tout sanglant!

Orestès sort du portique le couteau à la main.

SCÈNE IX.

LES PRÉCÉDENTES, ORESTÈS.

ORESTÈS.

Reste là!
Pas un cri, pas un souffle. Ah! ah! je te tiens, femme!
L'heure est venue : il faut que je te parle.

KLYTAIMNESTRA.

Infâme
Vagabond, que veux-tu? Je ne te connais point.
Lâche! que t'ai-je fait?

ORESTÈS.

Ne serre pas le poing :
Serre les dents plutôt, femme. Ouvre toutes grandes
Tes oreilles. Je vais te dire. Tu demandes
Qui je suis? Tu ne sais, et ne pressens rien,

Et ton cœur est toujours de fer, toujours ? C'est bien.
Je suis ton fils.

KLYTAIMNESTRA.

Mon fils est mort, tais-toi ! tu railles
Affreusement.

ORESTÈS.

Tu m'as porté dans tes entrailles.
Tel que les dieux et toi l'avez fait, tel qu'il est,
Reconnais ton enfant. C'est moi. J'ai bu ton lait,
J'ai dormi sur ton sein et je t'ai dit : ma mère !
O souvenirs, ô jours de ma joie éphémère !
Et toi, tu souriais, m'appelant par mon nom.

KLYTAIMNESTRA.

Dirais-tu vrai, grands dieux !

ORESTÈS.

N'aproche pas, sinon
Je te tuerai sans plus parler ni plus attendre.
Écoute ton fils, mère irréprochable et tendre !
Sans respect pour le sang des héros dont je sors,
Tu m'as tout pris, mon nom, mon peuple, mes trésors,
La liberté qui fait la moitié de notre âme !
Oui ! pour mieux accomplir l'abominable trame,
Tu m'as vendu, tu m'as, loin du royal berceau
Dans la fange, ô fureur ! jeté comme un pourceau ;
J'ai ployé sous les coups, j'ai sué sous l'outrage,
J'ai troublé l'air du ciel de mes longs cris de rage,

J'ai maudit la lumière, et l'ombre, et les dieux sourds,
Et j'ai cent ans, n'ayant vécu que peu de jours !
Mais qu'importe. Ceci n'est rien. Mes pleurs, ma honte,
Et ta haine, et mes maux dont j'ignore le compte,
Et l'endurcissement à ton cœur familier,
Je te pardonne tout, et veux tout oublier.
Ta tête m'est sacrée en ma propre querelle ;
Mais l'expiation d'un grand crime est sur elle !
Tu mourras pour cela. Les temps sont révolus.

KLYTAIMNESTRA.

On ne peut pas tuer sa mère.

ORESTÈS.

Tu n'es plus
Ma mère. C'est un spectre effrayant qui t'accuse,
Et qui te juge. Toi, tu te nommes la ruse,
La trahison, le meurtre et l'adultère. Il faut
Que tu meures ! Un Dieu me fait signe d'en haut,
Et mon père du fond de l'Hadès me regarde
Fixement, irrité que la vengeance tarde.
Mais avant de tomber sanglante sous ma main,
Parle, apaise l'époux égorgé dans le bain,
Car sur le sable blême où roule le noir fleuve
Il attend à l'affût son odieuse veuve !

KLYTAIMNESTRA.

Respecte, mon enfant, le sein qui t'a nourri.

ORESTÈS.

Ne parle pas au fils, femme, parle au mari.
Moi je te frapperai, mais lui t'a condamnée.

KLYTAIMNESTRA.

C'est l'Erinnys, enfant sur ta race acharnée,
C'est elle, le Daimôn inneffable et sans frein,
Par qui ton père est mort sous la hache d'airain.
Elle a troublé mon cœur, hélas! longtemps austère,
Et m'a précipitée aux bras de l'adultère.
Ce n'est pas moi, c'est elle! Enfant, qu'ai-je gagné
Au meurtre! Nuit et jour n'en ai-je pas saigné?
Répondez, murs témoins de mes veilles affreuses!
Et toi, toujours debout dans mes yeux que tu creuses,
Fantôme du héros, image de l'époux,
Réponds! — ô mon enfant, j'embrasse tes genoux,
Ne verse pas mon sang!

ORESTÈS.

As-tu tout dit?

KLYTAIMNESTRA.

Arrière!
Prends garde à toi si tu n'écoutes ma prière.
Crains d'entendre aboyer le troupeau haletant
Des chiennes de l'Hadès. Mon cher fils, un instant!
Non, non! Tu ne veux pas sans doute que je meure...
Oh! Je voudrais vieillir dans l'antique demeure!

ORESTÈS

Toi! tu vivrais ici, toi! Qu'en diraient les Dieux,
Les hommes, la maison, nos enfants, nos aïeux?
Il faut mourir, il faut que le sort s'accomplisse.
Viens! Je vais te coucher auprès de ton complice
Qui gît là, dans son sang immonde, tel qu'un chien.
Désormais, comme hier, son lit sera le tien :
Puisque tu l'as aimé, rejoins qui te réclame.
Et rentre dans ses bras afin d'y rendre l'âme!
Hâte-toi, hâte-toi, femme, si tu ne veux
Que je te traîne par les pieds ou les cheveux.

KLYTAIMNESTRA, à Elektra.

Implore-le, ma fille!

Elektra se prosterne, la face sur le tombeau

Encore une fois, grâce,
Mon fils!

ORESTES.

Je suis aveugle et sourd.

KLYTAIMNESTRA.

O monstre! ô race
Horrible! Je le vois, rien ne le peut toucher
Ce cœur inexorable et dur comme un rocher.
Mes supplications, sois content, sont finies...
Malheureux! Je te voue aux blêmes Erinnyes,
Aux chiennes de ta mère! à l'éternel tourment
De boire dans tes nuits d'horreur mon sang fumant;

Partout, de l'aube au soir, d'entendre sans relâche
Le râle de ta mère, et de fuir comme un lâche,
Farouche, pourchassé, misérable et maudit !
Arrête ! attends encor. J'aurai bientôt tout dit.
Enfin, oui ! sache-le. Que cela t'épouvante
Et redouble ta rage... Oui, monstre ! Je m'en vante :
Le héros qui gît là dans son sang m'était cher...
J'ai tué l'Atréide et j'ai coupé sa chair
Par morceaux... Seulement, ceci me désespère
D'avoir manqué le fils en égorgeant le père !

ORESTÈS, se jette sur elle et la tue.

Tiens ! Tiens ! Meurs donc. Assez de hideuses clameurs.

KLYTAIMNESTRA, recule en chancelant.

C'est fait... Tu m'as tuée... Ah !

Elle tombe. — Se relevant à demi :

Sois maudit !

Elle retombe morte.

ORESTÈS.

Va ! meurs !
Tu souillais l'air sacré que tout homme respire.

ELEKTRA.

Mon frère, qu'as-tu fait ? horreur ! Ton crime est pire
Que tous les siens... C'était ta mère !

ORESTÈS.

Grands dieux, quoi ?
Tu pleures cette femme ?

ELEKTRA.

Hélas ! malheur à toi,
Malheur à nous ! c'était ta mère !

Elektra et les Khoèphores se couvrent la tête et s'enfuient.

SCÈNE X.

ORESTÈS, LE CADAVRE DE KLYTAIMNESTRA, puis LES ERINNYES.

ORESTÈS.

Eh bien ! qu'importe ?
J'ai racheté mon sang, et la vipère est morte.
Elle empoisonnait tout de sa morsure. Elle a
Tué l'homme et vendu l'enfant... mais la voilà
Tranquille maintenant, et pour jamais, je pense.
Des équitables dieux j'attends ma récompense !

Il regarde le cadavre.

Quelle est grande ! on dirait qu'elle m'écoute... non !
Je l'ai frappé au cœur, sûrement. L'acte est bon,
Justice est faite. Il faut que tout forfait s'expie.
Ils siégeaient triomphants, dans leur puissance impie,
Les mains chaudes du meurtre ; il se disaient contents :
« Nous avons tout, le trône et le sceptre éclatants,
« Et la vieille maison du roi Pélops ! nous sommes
« Les dynastes d'Argos et les pasteurs des hommes ;
« Commandons, aimons-nous, et vivons sans remords. »
Et moi, je viens, je frappe, et les tyrans sont morts !

Maintenant, de ceci j'effacerai les traces :
L'une au bûcher ſunèbre, et l'autre aux chiens voraces...
Que le peuple s'empresse à l'Agora ! Demain,
Le sceptre paternel brillera dans ma main ;
Parmi les chefs vaillants je m'asseoirai, semblable
Aux dieux ! avec le bruit de la mer sur le sable,
Hellas acclamera mon nom, disant : c'est bien ;
Il a vengé son père et reconquis son bien !

Il regarde le cadavre.

Pourquoi ne pas fermer ta sanglante paupière,
Cadavre ? que veux-tu ? Va ! mon cœur est de pierre,
Je ne crains rien, j'ai fait pour le mieux. C'est assez,
Ne me regarde pas de tes yeux courroucés !
Je t'ensevelirai, toi, mes maux, et le reste,
Dans l'oubli, comme il sied d'un souvenir funeste...
A quoi bon épier mes gestes et mes pas ?
Regarde dans l'Hadès, ne me regarde pas !

Il tend les bras vers le tombeau

Et toi qu'ils ont couché sous ce tertre sans gloire,
Père, monte à travers la nuit immense et noire,
Apparais à ton fils qui te venge aujourd'hui !
Il t'appelle, ô chère ombre ! Entends-le, viens, dis-lui
Que devant tous les dieux du ciel et de l'abîme
L'action qu'il a faite est droite et légitime !

Deux Erinnyes se dressent de chaque côté du tombeau.

Ah ! qu'est-ce que cela ? D'où viennent celles-ci ?
Vielles femmes, parlez : Que faites-vous ici ?

Trois Erinnyes apparaissent autour du cadrvre

Encore ! Par les dieux ! ces faces de squelettes
Pour mordre ont retroussé leurs lèvres violettes...
Ah ! monstres, vous grincez des dents affreusement !
Arrière !

Les Erinnyes apparaissent de tous côtés.

En vérité, c'est un fourmillement
De spectres, et je suis traqué comme une proie !
L'épouvante me prend à la gorge et la broie...
Non, ce n'est point un songe, et je suis là, debout,
Éveillé... malheureux ! c'est cela, je sais tout :
Ce sont elles, ce sont les chiennes furieuses
De ma mère !... Pourquoi rester silencieuses ?
A qui me montrez-vous de vos doigts décharnés,
O louves de l'Hadès ? Je vous attends, venez !
Vous ne vous trompez pas... c'est moi ! je l'ai frappée !...
Voyez ce sang. La terre en est toute trempée.
Il m'inonde les pieds, il me brûle les mains.
Mais, quoi ! vous le savez, ô monstres inhumains,
Elle a tué mon père. Eh bien ! j'ai fait justice :
La voici morte. Que l'abîme l'engloutisse
Avec sa trahison, sa haine et sa fureur !
Ah ! ah ! vous vous taisez, misérables !

Les Erinnyes se jettent toutes sur lui.

Horreur !

Il s'enfuit. Elles le poursuivent. — La toile tombe.

FIN.

PARIS. — J. CLAYE, IMPRIMEUR, 7, RUE SAINT-BENOIT. — [2291]

J. Claye, imprimeur
S. Benoit, 7, à Paris

www.ingramcontent.com/pod-product-compliance
Lightning Source LLC
LaVergne TN
LVHW020047170826
845678LV00001B/462